Léon WARENGHEM

En Bretagne

TRÉBEURDEN

ses Iles
ses Grèves
son Climat
ses Légendes

LANNION
IMPRIMERIE A. ANGER

TRÉBEURDEN

AVANT-PROPOS

La Bretagne n'a qu'un défaut, c'est celui d'être insuffisamment connue. Il existe dans cette région privilégiée bien des recoins charmants qui sont jusqu'à ce jour restés ignorés. Je dirai même que les endroits les plus ravissants sont justement ceux dont on ne soupçonne pas l'existence. A l'appui de mon dire je ne saurais citer d'exemple plus concluant que **Trébeurden**, cette plage née d'hier et que certains ont baptisée déjà du nom de « Merveille des Côtes-du-Nord » et de « Nice bretonne » de l'avenir.

Qui cependant connait Trébeurden, à part quelques fureteurs avisés qui l'ont découvert par hasard et qui depuis ne veulent plus aller ailleurs ? C'est que malheureusement, ou heureusement, suivant le point de vue auquel on se place, les routes conventionnelles ne passent pas par ce petit pays admirable. Les touristes qui viennent visiter Lannion et ses environs, sachant que Trébeurden n'est pas sur le traditionnel « tour des grèves », dédaignent de déranger leur itinéraire tracé d'avance.

S'ils savaient pourtant ce qu'ils ont perdu !

Eh bien, c'est pour remédier à l'ignorance du touriste que nous nous sommes décidé à publier ce petit opuscule. Tout imparfait, tout incomplet qu'il est, il pourra servir de guide aux étrangers amateurs de beaux spectacles et, n'eût-il pour résultat que de contribuer à faire connaître la plus pittoresque de nos côtes, que l'auteur ne regretterait pas l'initiative qu'il a prise.

L. W.

COMMENT ON SE REND A TRÉBEURDEN

On se rend de *Paris* à **Lannion** (535 k.) par la ligne de Brest, en relations directes avec la gare de Montparnasse. Il suffit de changer de train à **Plouaret**, où a lieu l'embranchement de Lannion (17 k.)

Les voyageurs venant de la direction de Brest doivent également descendre à *Plouaret*.

Le trajet de Paris à Lannion se fait en onze heures.

On vient de Brest en trois heures et de Rennes en quatre heures.

Le voyage de *Londres* à Lannion peut avoir lieu, soit par Douvres ou Folkestone et Paris, soit par Newhaven, Dieppe et Paris, soit enfin par Southampton et St-Malo.

Dans le premier cas, on part de la gare de Charing-Cross ; dans le second cas de Victoria ou London-Bridge ; dans le troisième cas de Waterloo Station, (trajet en 2 heures, de Londres à Southampton).

Un service de paquebots met en communication directe Southampton et St-Malo. De cette dernière localité à Lannion, on change de train successivement à Dinan, Lamballe et Plouaret.

On vient de Jersey et Guernesey par *St-Malo* (paquebots directs) et on prend là les trains indiqués pour les voyageurs en provenance de Londres.

A *Lannion* un service régulier de correspondance transporte à *Trébeurden* les personnes qui arrivent par les trains de 8 heures du matin et de 4 heures du soir.

On trouve également, à la gare, des voitures qui desservent les autres trains. En outre, des excursions à prix réduit sont organisées chaque dimanche entre Lannion et Trébeurden.

PREMIER ITINÉRAIRE

DE LANNION A TRÉBEURDEN (GRÈVE)
Par le Champ Blanc, (12 kil.)
(En voiture ou à bicyclette)

Partant de la gare de Lannion et prenant la rue qui tourne à droite en suivant la voie ferrée, on se dirige vers le couvent de *Ste-Anne,* vaste établissement tenu par les Sœurs Hospitalières de la Miséricorde de Jésus, comprenant l'hôpital construit en 1866 et le pensionnat, dont dépend une ancienne chapelle assez jolie remplacée depuis 1896 par un nouvel édifice en style roman de la renaissance. La rivière du *Guer,* formant port, côtoie le couvent et sépare la ville en deux quartiers distincts : la ville proprement dite, sur la rive droite, Kerampont et Buzulzo, sur la rive gauche. Deux ponts relient les deux rives : le pont de Kermaria, en amont, celui de Ste-Anne, en aval. On traverse ce dernier et on passe devant l'hôtel de France. Après avoir obliqué à gauche, on suit le Quai d'Aiguillon qui longe le port. Dans la cour de l'une des maisons du quai existe une source ferrugineuse d'une grande efficacité. Duguay-Trouin dut à ces eaux le rétablissement de sa santé. Le duc d'Aiguillon en fit également usage en 1760. On rencontre un peu plus loin, une charmante promenade plantée d'arbres, rendez-vous habituel du « high life » lannionnais et emplacement des fêtes publiques. A droite, l'Allée Verte, une des plus jolies rues de Lannion, conduit à l'église St Jean du Baly et au Marhallac'h (marché). On passe sur le *Pont de Viarmes*, près duquel se trouve le quai au sable et au goëmon. C'est là que les nombreux bateaux de pêche apportent les engrais marins qui sont la richesse du pays. Ce commerce est loin d'être insignifiant ; Trébeurden seul exploite pour plus de 100,000 fr. de sable et de goëmon par an.

On traverse le quartier de *Kervenno* et on arrive à la propriété de ce nom, située entre l'ancienne et la nouvelle route. Il est préférable de suivre cette dernière dont la pente est très douce et qui a l'avantage de dominer la vallée du Guer. Ne pas manquer d'admirer en passant les vieux arbres du parc de Kervenno et de contempler l'ensemble de la ville et du port. Sur la rive gauche du Guer on aperçoit la charmante propriété de la Haute-Rive dont la tourelle perce le fouillis d'arbres qui l'entoure. On rejoint l'ancienne route, puis le *Croissant*, agglomération de maisons qui forme un des faubourgs de Lannion. Arrivé à la bifurcation du chemin de Perros (1200 m.), inclinez à gauche et à 100 mètres plus loin, laissez à votre droite la route de Trégastel pour vous diriger sur le hameau de *St Roch*, (2 kil.), dont la chapelle est à visiter.

Celle-ci est fréquentée par les pèlerins, principalement le mardi de la Pentecôte. Elle renferme un assez joli jubé.

On monte pour redescendre ensuite jusqu'au hameau du *Roudour*. (A gauche, chemin de Servel — belle église moderne). On rencontre ensuite, (3 k. 400), une nouvelle bifurcation (calvaire), dont la partie de droite conduit à Pleumeur-Bodou et celle de gauche à Trébeurden. De hauts talus (fossés) plantes d'ajoncs se dressent de chaque côté de la route. Il faut passer là au printemps, lorsque la plante bretonne est en plein épanouissement, pour en apprécier tout le charme.

Nous sommes maintenant sur le plateau que nous ne quittons plus jusqu'au *Champ Blanc*, (6 kil.— 7 maisons, dont 3 auberges et une forge). Jusque là nous n'avons rencontré que quelques hameaux (*Le Quérez, Lan Servel*), Le paysage est plutôt mélancolique et rappelle le centre de la Bretagne.

Après le Champ Blanc nous trouvons sur la gauche une route desservant *Beeléguer* et, un peu plus loin, du même côté, celle de *Pors-Mabo*. Un bois de pins sur la droite couronne le plateau.

Pen Lan, (8 kil.), hameau assez important dépendant de Trébeurden, comprend une vingtaine de maisons de cultivateurs et borde les deux côtés de la route. Il possédait autrefois une abbaye dont il ne reste que quelques ruines informes. Nous approchons du but. Le clocher de Trébeurden dresse à l'horizon sa silhouette de granit. Encore un kilomètre et nous débouchons dans le bourg.

Trébeurden forme l'une des communes les plus importantes du canton de Perros. Sa population (1894 hab.) se compose de deux éléments distincts : les cultivateurs qui habitent principalement le bourg et les hameaux des environs, les pêcheurs qui, naturellement, se portent plutôt vers le voisinage de la mer. En dehors de ces deux classes d'habitants, on y rencontre quelques familles qui ont été attirées par la beauté du site, la douceur du climat et surtout par la salubrité parfaite de la localité.

Sous ce dernier rapport, la réputation de Trébeurden

remonte déjà loin. M. Benjamin Jollivet, dans l'ouvrage qu'il écrivit en 1859 sur les Côtes-du-Nord, dit qu'en raison de la pureté de l'air de Trébeurden, on y envoyait autrefois, à leur sortie du séminaire, les sujets de complexion délicate. Il fait également remarquer que Trébeurden fut préservé de la peste qui désola la Basse-Bretagne en 1632.

Après avoir pénétré dans le bourg, la route tourne à droite, laissant à gauche l'école communale des garçons. On passe devant l'*église* que domine un clocher à jour assez élevé et entouré d'une galerie, (Ascension recommandée).

Construite en 1835, cette église a remplacé un édifice du quinzième siècle érigé par les moines de Bégard. Ce dernier possédait des vitraux des XVe, XVIe et XVIIe s. dont plusieurs ont été adaptés aux fenêtres du nouveau monument. Devant l'église se trouve une croix de granit près de laquelle ont lieu, le dimanche, les publications.

La *place* de Trébeurden, assez irrégulière, se trouve entre l'église et la route de la grève. On tourne brusque à gauche et on descend directement jusqu'à la mer pendant un kilomètre et demi. De petites maisons d'un aspect très engageant, qu'on loue pendant la saison aux baigneurs, se succèdent jusqu'à la sortie du bourg. Quelques prairies bordées d'arbres leur font suite et on arrive tout à coup sur un plateau d'où l'on jouit d'un panorama vraiment merveilleux. Il est bon de s'arrêter là quelques instants pour saisir dans son ensemble le coup d'œil féérique des grèves de Trébeurden.

Au nord, à l'extrême horizon, on aperçoit les *Sept-Iles*; à gauche des Sept-Iles, les récifs des *Triagoz*, avec leur

phare, (11 kil. de la côte et 12 de la pointe de Kerellec);
plus près, l'*Ile-Grande*. Sur la côte nord-ouest, une vaste
baie forme la grève de *Goastrez*, que séparent de Trozoul
les hauteurs de *Kerellec*. A l'ouest, à un mille au large,
l'île *Molène*, formée d'un sable éblouissant de blancheur
et entourée de grands rochers de granit, émerge des flots
d'un bleu verdâtre et forme un contraste saisissant avec
l'*Ile Milliau*, que l'on pourrait appeler l'île noire, tant son
aspect sévère diffère de celui de Molène.

Nous avons à nos pieds la grève de **Trozoul** émaillée
de rochers pittoresques frangés d'une écume d'un blanc
étincelant. Aucune description ne saurait donner une idée
exacte du tableau enchanteur que l'on a sous les yeux de
cet endroit, lorsqu'on arrive à Trébeurden par une belle
matinée d'été : « l'archipel bleu » telle est l'expression
qui vient aux lèvres de chacun, à la vue de cet horizon
incomparable !

Cependant nous voilà presque arrivés. La route descend
vers la plage en passant devant les villas qui se sont
élevées depuis quelques années. Il ne nous reste plus qu'à
tourner à gauche, au bas de la descente, pour nous trouver
sur la grève même de *Trozoul*.

SECOND ITINÉRAIRE

DE LANNION A TRÉBEURDEN (GRÈVE)
PAR PLEUMEUR-BODOU, (12 kil. 100)

(En Voiture ou à Bicyclette)

On peut aller de Lannion à Trébeurden par *Pleumeur-Bodou* au lieu de passer par le Champ Blanc. La distance est à peine plus grande (100 m.) et on traverse une région plus variée et plus accidentée. Si le touriste est à pied ou à bicyclette, nous l'engageons à tourner à gauche aussitôt après le pont de Viarmes, au lieu de monter la rue de Kervenno. Il suivra ensuite le quai de *Viarmes*, le *Guer*, puis la *Corderie*, magnifique allée bordée de grands arbres qui longe la rivière. Dès qu'il aura quitté cette avenue, à laquelle fait suite le chemin de halage, il trouvera sur sa droite un délicieux vallon plein d'ombre et de fraîcheur qu'il suivra, en inclinant d'abord à gauche et ensuite à droite, jusqu'à la chapelle St-Roch. A partir de là, il n'y a plus qu'à reprendre l'itinéraire précédent jusqu'à la bifurcation de Pleumeur et de Trébeurden (3 k. 400 m.). On s'engage alors dans le chemin de droite et après avoir parcouru un kilomètre et demi environ, on rencontre une agglomération de maisons entourant la belle propriété de *Kerduel*. Celle-ci appartenait anciennement à la famille de Kerduel; elle est actuellemen possédée par M. de Champagny. Le parc, admirablement boisé, encadre d'une façon charmante l'habitation et ses dépendances. On fabrique à la ferme annexée au château d'excellent beurre et un fromage très estimé qui rappelle le camembert.

S'il faut en croire la légende, Kerduel aurait été l'emplacement de l'ancien palais du roi Arthus qui vivait au VIe siècle. Ce dernier possédait d'immenses domaines qui s'étendaient non seulement de la rivière de Lannion à celle de Tréguier, mais encore dans le pays de Galles. On menait joyeuse vie à la cour du roi Arthus. La reine Guen Arc'hant et la favorite Brangwen en faisaient les honneurs.

Le roi était aussi célèbre par sa galanterie que par sa bravoure, aussi fût-il enlevé un beau jour, au milieu des fêtes de Kerduel, et transporté dans l'île d'Agathon par la fée Morgwen (mer blanche), qui l'aimait éperdument et en était jalouse. « Arthus, ajoute la légende, oubliait
« là ses états et la reine Guen Arc'hant, mais, entraîné
« certain jour à la poursuite d'une bête féroce, il arriva
« sur les bords du rivage et s'enfonça dans les sables
« mouvants. »

« La fée Morgwen, qui n'était autre qu'une druidesse,
« le pleura beaucoup et lui fit élever un tombeau dans
« l'île des pommes.* »

A un kilomètre de Kerduel et 700 mètres avant d'arriver à Pleumeur, se détache à droite (6 kil. de Lannion) le chemin vicinal de la rade de Perros (7 kil.). On se dirige sur le bourg de Pleumeur que l'on traverse entièrement.

∴ *La légende ci-dessus, ainsi que celles qui suivent, sont extraites du livre « Les Côtes-du-Nord » par Benjamin Jollivet, publié à Guingamp en 1859, Rouquette, éditeur.*

L'église est assez jolie. Le clocher, entièrement en granit et très élevé, domine tout le pays environnant; il est flanqué de quatre clochetons d'un bel effet. L'intérieur de l'église comprend trois nefs avec transept. Le chœur principal est entouré de boiseries sculptées. Les autels latéraux, au nombre de quatre, sont en châtaignier. La chaire, élégante et paraissant assez ancienne, est surmontée d'une statue représentant l'ange du jugement dernier; un personnage à pieds de bouc la soutient sur les épaules. Une tribune avec escalier tournant occupe le fond de la nef centrale et un beau chemin de croix moderne orne les murailles.

Après être sorti de l'église, on se trouve en face de trois routes. En continuant tout droit on descend vers l'*Ile-Grande*, tandis qu'en tournant à gauche, puis à droite on aboutit à Trébeurden. Après avoir serpenté pendant trois à quatre kilomètres à travers des landes dont la monotonie est rompue par quelques bois de pins, on débouche sur la place de Trébeurden, en face de la route de Trozoul. (Voir itinéraire précédent).

EXCURSIONS

PREMIÈRE EXCURSION

KERELLEC. — BONNE-NOUVELLE

(A Pied)

Partant de l'Hôtel de la Plage, on longe la grève pendant une centaine de mètres. On passe devant la cale. On laisse à droite le chemin d'accès et on gravit la route assez raide de Kerellec, d'où se détache à gauche la rue de Kermaria (villas). Arrivé sur le plateau, pénétrer à droite dans un champ entouré de talus et remarquer un très joli *dolmen* (Ty-lia). En face, énorme pierre creusée dite *Chaise du Curé*. C'est là que l'abbé Le Luyer, dont il est question si souvent dans les annales de Trébeurden, venait lire son bréviaire et contempler longuement la mer au bord de laquelle il était né et dont il n'avait pas hésité à affronter les dangers pour arracher ses paroissiens à la mort.

Après s'être engagé derrière la Chaise du Curé, on arrive, en traversant une lande sauvage, aux ruines d'un ancien *corps de garde* d'où l'on jouit de la plus magnifique vue qu'il soit possible d'imaginer. Le ciel bleu se reflète dans les flots d'une manière si intense, les algues recouvrent les rochers rougeâtres d'un manteau aux couleurs si riches, qu'on se demande si on est bien en pleine Bretagne, ce pays plutôt mélancolique, et non pas sur quelque côte lumineuse des pays d'orient.

Au sud s'étend paresseusement la grève de Trozoul bornée par les escarpements du *Château*, puis *Milliau*. Au dessus, la presqu'île de *Bihit* forme l'arrière plan et cache à demi la baie de Lannion dont les eaux miroitent au loin, pendant que s'estompent à l'extrême horizon les côtes de Locquémeau, de St Michel et de Locquirec. A l'ouest, la charmante île *Molène*, contraste par sa blancheur avec les îles voisines. En remontant vers le nord, on remarque successivement les îles *Losquet, Fougères, Canton*, puis le phare des *Triagoz*, l'*Ile Grande*, avec ses maisons s'étageant en plein midi. Au nord-est, la plage de *Goastrez* s'allonge à perte de vue.

Après quelques instants de repos, on descend vers la grève jusqu'au sentier qui, tournant autour de la lande, retombe à Kerellec. On traverse ce hameau en allant vers le nord, et, inclinant à droite, on atteint un chemin de terre qui contourne une villa. Quelques centaines de mètres plus loin, dans la direction du sud, on arrive à **Bonne Nouvelle**, dont on aperçoit la *fontaine* vers la droite. Cette fontaine, construite en 1696, a été à peu près restaurée depuis peu.

En continuant toujours dans la même direction, on passe tout près de la petite *Eglise de Bonne Nouvelle*, aujourd'hui bien délabrée, mais qui a eu son heure de célébrité.

« Cette chapelle aurait été élevée par ordre de Jean IV,
« après la bataille d'Auray, lorsqu'il apprit qu'enfin les
« bretons venaient de le reconnaître pour leur duc. Il
« aurait lui même posé la première pierre de l'édifice,
« avec Jeanne de Navarre, son épouse, en présence de
« sept evêques. Enfin, Anne de Bretagne aurait fait

« cadeau plus tard à Notre Dame de Bonne Nouvelle
« de son manteau royal, de sa couronne de duchesse et
« de trois ornements d'or et d'argent. » *

La fête de Bonne Nouvelle se célèbre le 15 août de chaque année.

Reprenons le chemin qui nous a amenés et, après l'avoir suivi pendant quelques instants encore, nous retomberons sur la route de Trébeurden à Trozoul, qui nous ramènera à la grève.

Les Côtes-du-Nord par Benjamin Jollivet.

DEUXIÈME EXCURSION

Bonne-Nouvelle. — Christ. — Kerario. — Toheuno. — l'île Losquet. — Toultrez & Kerellec
(A pied)

On peut faire une délicieuse promenade en passant par *Bonne-Nouvelle* et par *Christ*. On se rend d'abord à la première de ces chapelles décrite précédemment (1re excursion); un chemin assez étroit se dirige de là vers le nord-est, à travers des prairies entourées d'arbres et aboutit à la coquette chapelle de **Christ**.

Celle-ci est fort ancienne. « La Révolution s'en empara « et en fit une caserne qui fut transformée plus tard en « un poste de douanes* » Tout près de là, on remarque une croix monolithe faite, dit-on, d'un ancien menhir vers le IVe siècle. Du terrain vague qui entoure l'édifice, le regard embrasse dans son ensemble l'Ile-Grande et la côte qui s'étend dans cette direction.

En quittant la chapelle, on rejoint vers l'est, à deux pas de là, la route de l'Ile-Grande, près de laquelle se trouve un *menhir*, (à gauche, chemin de *Trovern* où existe une ancienne gentilhommière). Après un parcours d'un kilomètre, on arrive à **Kerario** (à gauche, carrières ; à droite, chemin de Penvern, troisième excursion) ; un peu plus loin, du même côté, autre chemin conduisant à un ancien château bâti sous Henri IV et

---

∴ *Les Côtes-du-Nord, par Benjamin Jollicet.*

dont les pilastres de la cour ont été transportées au bourg, pour en faire l'entrée du cimetière. On descend vers la mer qu'on longe jusqu'à **Tohenno** (trois maisons dont une à toit rouge).

C'est de Tohenno que l'on part pour se rendre à pied sec à l'Ile **Losquet**, lorsque la mer est basse. Il suffit pour cela de se diriger sur une tourelle bâtie dans la passe de l'Ile-Grande et d'aller ensuite directement sur l'extrémité sud de l'île *Canton* d'où l'on gagne facilement Losquet. On traverse une région d'un aspect très curieux. Figurez-vous un véritable désert de pierres sans autre végétation que quelques algues ou lichens, le tout traversé par les ruisseaux que forme la mer en s'écoulant. Tout autour, ce ne sont qu'îlots plus ou moins exploités comme carrières de granit. Plus de traces d'océan : on se croirait perdu dans une immense solitude où tout est pétrifié. C'est vraiment une excursion à faire à cause de son caractère absolument étrange, mais nous recommandons bien au **touriste** : 1º de choisir pour cela un jour de très grande marée, la mer se retirant alors beaucoup plus loin ; 2º de se rendre directement à Tohenno (excursions 3 et 5), au lieu de passer par le bourg ; 3º de prendre un guide, à cause du danger qu'il pourrait y avoir, en cas de surprise par la marée montante.

Réservant donc cette promenade pour une excursion tout à fait spéciale, nous traverserons simplement aujourd'hui le hameau de Tohenno et nous arriverons à la colline de Kerhellen, d'où un sentier nous ramènera à **Toultrez**, groupe de maisons bâties à l'extrémité de Goastrez ; nous n'aurons plus alors qu'à suivre la grève pour regagner *Kerellec*, puis **Trozoul**.

TROISIÈME EXCURSION

L'Ile-Grande, par la grève. — L'Ile Canton.

(A pied)

    L'Ile-Grande est située à environ trois kilomètres de Trozoul. Il est nécessaire, pour s'y rendre par l'itinéraire que nous allons indiquer, de choisir le moment où la mer est retirée, cette route n'étant accessible qu'à marée basse.

    Dirigez-vous d'abord vers *Kerellec* précédemment cité. Après avoir traversé ce hameau et arrivé en face de la mer, engagez-vous dans le petit chemin encaissé qui tourne à droite, puis à gauche. Il conduit à *Goastrez*, la jolie grève que nous avons déjà aperçue de Kerellec. La route décrit une courbe autour d'un mamelon rocheux et domine une ravissante vallée où quelques habitations éparses sont enfouies dans un fouillis de verdure luxuriante. Les arbres laissent entrevoir le pittoresque manoir de *Trovern* situé au pied d'une colline exposée à l'ouest et dominée par un moulin à vent.

    En arrivant près de la grève de *Goastrez*, on est en présence de trois chemins de sable qui vont dans des directions opposées. Si l'on continue tout droit, on arrive à *Toultrez*, petit groupe de maisons au bord de la mer tout à l'extrémité d'un ancien marais, où foisonnent les champignons roses. Celui de droite conduit à Kerhellen, situé sur le penchant du coteau qui limite l'horizon à l'est. On peut prendre ce dernier et, après avoir dépassé cinq ou six maisons, tourner à gauche. On poursuit l'excursion en longeant une colline parsemée de blocs énormes et sans se préoccuper de voir, au bout d'une cinquantaine de mètres, le passage obstrué par quelques pierres. Après avoir parcouru environ un demi kilomètre, on aperçoit devant soi tout l'ensemble des habitations de l'Ile-Grande. On tourne alors à droite, en laissant sur la gauche le chemin qui va directement à Tohenno.

Cinquante mètres plus loin, on rencontre à gauche un sentier qui se dirige sur un moulin situé à environ deux kilomètres. Ce sentier retombe sur un autre qui aboutit d'une part à la mer et de l'autre, après un crochet, au bas de la route de Trébeurden à l'Ile-Grande. Cette dernière route débouche sur la grève même. Elle traverse le chenal qui sépare l'île de la terre ferme et n'est plus représentée, à partir de la côte, que par les traces des roues des voitures. On peut s'y engager sans crainte et surtout sans danger et, après un nouveau parcours d'un kilomètre en droite ligne, on accède au côté sud de l'île, au bas d'une rue assez raide, après avoir cotoyé un îlot aride, où sont bâties trois ou quatre chaumières d'un aspect misérable. On gravit la rue dont nous venons de parler et on arrive au centre de l'agglomération, en passant à côté de l'école. Près de là se trouve l'auberge Le Bail (enseigne invisible) où l'on peut se rafraîchir et même trouver à manger.

L'Ile-Grande présente un cachet de sauvagerie plus prononcé encore que le reste du pays. Elle laisse plutôt une impression de tristesse, avec ses côtes dénudées où la végétation fait complètement défaut. Elle possède une petite *église* entourée d'un cimetière renfermant bien des tombes dont les inscriptions rappellent les nombreux sinistres qui ont fait tant de victimes parmi les habitants.

L'Ile Canton est rattachée à l'Ile-Grande pendant les basses mers. On y va en suivant la côte sud de cette dernière dans la direction de l'ouest. Elle est inhabitée. On y remarque trois croix de granit très anciennes qui dateraient des premiers siècles du Christianisme. Elles servent de but de pèlerinage pour obtenir la guérison de la coqueluche. Ce pèlerinage, pour être efficace, doit être effectué, paraît-il, par une veuve à jeun qui ne doit pas dire un mot pendant le trajet. Elle est de plus obligée d'emporter trois morceaux de pain pris chez trois autres veuves et de les donner aux pauvres qu'elle rencontre ou, à défaut, de les déposer sur chacune des trois croix.

Les principales curiosités de l'Ile Grande sont ses *carrières* de granit situées à l'ouest, au bord de la mer. On s'y rend par un sentier qui se détache de la rue principale en face de l'école. Mais, ce qui suffirait seul à engager le touriste à faire cette excursion, c'est l'*Allée-couverte* (Ty ar Gorandonizet ou maison des naines). On peut y aller en partant également de l'école et en suivant la rue centrale dans la direction de l'est jusqu'à la cabane qui constitue le point terminus du fil télégraphique. On tourne alors une première fois à gauche vers une croix de granit et une seconde fois dans le même sens. On continue, laissant successivement à droite deux chemins de terre. On découvre bientôt la mer que domine un rocher surmonté d'une ruine et l'on aperçoit, aussitôt avant, l'allée couverte dans un champ bordant la route.

Ce monument préhistorique est à moitié enfoui dans le sol, aussi n'a-t-il plus que 1 m. 60 de hauteur. Sa longueur est de 9 m. et sa largeur de 2 m. 50. Il est orienté de l'est à l'ouest et se trouve en bon état de conservation.

Pour revenir à Trébeurden par *Penvern*, il faut retourner à la cabane que nous avons citée comme servant de poste télégraphique et suivre le fil à partir de là. Il nous conduira au pont rattachant l'île à la terre ferme par la route de Pleumeur qui passe à travers le délicieux hameau de **Penvern**. Après l'aridité de l'Ile Grande, il nous paraîtra bon de pénétrer dans ce nid de verdure.

A 800 m. du pont nous remarquerons sur notre gauche un moulin et 100 m. plus loin, à l'opposé, un chemin que nous suivrons pendant 3 ou 400 mètres. Nous laisserons à notre droite la route de Trébeurden par Run an Guern, (*5ᵉ excursion*), et nous aboutirons à un carrefour. En tournant à gauche on arriverait à la chapelle de Penvern, (*voir 5ᵉ excursion*). Nous continuerons notre promenade en contournant une construction qui se présente devant nous et nous prendrons un chemin à pic et rocailleux qui nous conduira au moulin de *Crec'h-holen*. On se trouve là au milieu du paysage le plus breton qu'il soit possible d'imaginer. On découvre toutes les îles qui entourent Trébeurden et d'autre part on aperçoit vers le nord les nombreux hameaux de Pleumeur qui parsèment la côte.

A partir du moulin nous devons aller d'abord à droite, puis presque aussitôt à gauche. Le clocher de Trébeurden se dresse au loin devant nous. Le chemin descend en lacets dans une vallée boisée où pointent quelques sapins. En marchant toujours dans la même direction, nous retomberons sur la route de Trébeurden à l'Ile-Grande, près du hameau de *Kerario* (2ᵉ excursion). Il nous sera facile de regagner Trozoul en prenant le chemin qui part de la carrière pour descendre à Kerhellen et aboutir à la grève de Goastrez que nous avons longée à l'aller.

QUATRIÈME EXCURSION

De Trébeurden à Penvern, par Pleumeur-Bodou
(En voiture ou à bicyclette)

De Trébeurden à *Pleumeur-Bodou*, voir le deuxième itinéraire de l'arrivée. Dès qu'on a atteint cette dernière localité, on doit tourner immédiatement à gauche, au lieu de suivre à droite la direction de Lannion. La route descend très rapide à travers une région parsemée de bouquets d'arbres d'où émergent de petites fermes. On remonte légèrement pour redescendre encore. Laisser à droite le premier chemin que l'on rencontre à un kilomètre de Pleumeur et un autre 300 m. plus loin. Après avoir parcouru un nouveau kilomètre, on aperçoit la *chapelle de* **St Uzec** dans le prolongement de la route.

Cette chapelle est assez jolie. Elle est bâtie sur un rocher et date du XIVe siècle. « St Uzec était prêtre. Il est représenté avec une chasuble antique. On l'invoque pour que les vaches donnent du lait. » *

Après avoir visité la chapelle, on retourne sur ses pas pendant une cinquantaine de mètres et on suit à gauche, pendant six ou sept cents mètres un chemin sinueux qui monte à la grand' route de l'Ile-Grande, sur le bord de laquelle on aperçoit le menhir à 150 mètres à droite.

Le **Menhir** *de Penvern*, est un des plus remarquables

∴ *Les Côtes-du-Nord par Benjamin Jollicet.*

de France. Il mesure huit mètres de hauteur sur trois mètres et demi de largeur à sa base. « Il présente la figure d'un obélisque à peu près quadrangulaire, du poids supposé de 97,870 kilos. On a placé au sommet de ce monolithe une croix de pierre et couvert une de ses faces du symbole du Christianisme. Du haut en bas de ce monument sont sculptés pêle-mêle : une figure de femme, puis à droite et à gauche, une lune et un soleil » ; plus bas, une échelle, une lance, une éponge, une main, un pot, un marteau, des tenailles, un coq, une robe, des dés, trois clous, un paquet de verges, deux ossements croisés et enfin, un grand crucifix, qui occupe le milieu du menhir, semble dominer tous ces emblêmes.

Pour nous rendre à la chapelle de Penvern, il nous suffira de suivre pendant sept ou huit cents mètres la route qui descend vers l'Ile-Grande. Nous rencontrerons à gauche un chemin qui s'en détache et qui nous y conduira directement (80ᵐ environ). Un ruisseau formant gué en arrose les abords.

La *chapelle* de **Penvern** ou de N.-D. de Citeaux-Penvern remonte au XIIIᵉ siècle, si l'on en croit la légende conservée dans le *Guerz an Itron Varia* qui se chante dans le pays. Voici cette légende :

« En 1300 une pauvre bergère de Trébeurden, dont tous
« les membres étaient affreusement contournés, aperçut,
« jetée non loin d'une source, sur les limites des deux
« paroisses de Trébeurden et de Pleumeur-Bodou, une
« image de la Vierge abandonnée là depuis des siècles.
« Les malheureux et les infirmes espèrent toujours, sans
« cela la vie ne serait pas pour eux supportable. La pauvre
« infirme se mit donc en prières devant l'image de la mère

« du Sauveur ; elle intercéda avec une ferveur si grande,
« que ses membres se redressèrent subitement et reprirent
« toute leur force et leur souplesse. Le miracle ne pouvait
« être nié par les contemporains de la bergère infirme ;
« aussi, frappés de ce prodige, les habitants des deux pa-
« roisses plus haut citées élevèrent spontanément un petit
« oratoire à la Vierge et y placèrent son image vénérée que
« le hasard avait fait découvrir. A dater de cette époque,
« les malades et les infirmes accoururent de toutes parts et
« de nouveaux miracles vinrent augmenter la dévotion des
« fidèles. Les aveugles, dit la légende, recouvraient la vue,
« les paralytiques s'en retournaient sans béquilles, les
« sourds entendaient clairement, sitôt qu'ils avaient fait
« leur pèlerinage à Notre-Dame de Penvern. Aussi les
« offrandes se multiplièrent si bien que du produit de
« celles-ci on put, trois ans plus tard, construire la chapelle
« que nous voyons. Les marins ont une confiance sans
« bornes dans la Vierge de Penvern dont la fête se célèbre
« le dimanche le plus rapproché de l'Ascension. »

CINQUIÈME EXCURSION

PENVERN & L'ILE-GRANDE PAR RUN AN GUERN
(A pied)

Pour aller à Penvern par la route la plus directe, il faut d'abord se rendre à *Kerellec* que l'on traverse, puis gagner la grève de Goastrez et la côtoyer jusqu'à *Toultrez* (3e exc.). Arrivé à Toultrez, on pénètre à droite dans un champ fermé par une barrière et on suit le sentier qui tourne d'abord à gauche, puis à droite. On retombe sur un petit chemin venant de *Kerhellen* et longeant une colline en forme de mamelon. Celui-ci tourne à droite et laisse à gauche un sentier qui conduit à Tohenno. Cinquante mètres plus loin, à gauche, on en prend un autre qui se dirige vers un moulin. En conservant toujours à peu près la même direction on arrive au chemin vicinal de Trébeurden à l'Ile-Grande que l'on remonte jusqu'à une croix de granit et l'on remarque en face une petite route presque carrossable. Elle mène directement à Penvern. On descend à *Crec'h Du* et *Kerléo* dans une vallée arrosée par un ruisseau. On passe successivement à *Boussouin*, *Convenant Toudic*, *Convenant Daniel*, où l'on croise une route qui va du moulin de *Crec'h holen* (3e excursion) à la mer.

On arrive au *convenant Bordic* où l'on traverse un autre ruisseau et on laisse à gauche un chemin qui descend également vers la mer. On atteint *Run an Guern* et on débouche aussitôt après sur une route qui rejoint celle de l'Ile-Grande, *(voir troisième excursion)* et conduit à droite à *Falégant* (200 mètres). Rendus là, il nous suffira de suivre à gauche pendant deux ou trois cents mètres un petit chemin mal entretenu pour atteindre la *chapelle* de *Penvern (voir 4ᵉ excursion).* Inclinant toujours à gauche, nous retomberons sur la route de l'Ile-Grande à Pleumeur. Cent cinquante mètres avant d'arriver au *menhir*, une autre voie s'en détache et nous conduira à la *chapelle* de *St Uzec. (4ᵉ excursion).*

Dans la même direction, nous trouverons derrière la chapelle un petit chemin rocailleux qui permet de retourner à Trébeurden directement.

C'est toujours le même aspect de pays aride et sauvage, présentant un cachet bien caractérisé. La civilisation n'a pas encore passé par là et toute cette contrée a gardé sa physionomie d'autrefois.

A 2 ou 300 mètres la route se bifurque. On tourne à droite et l'on coupe un peu plus loin un autre chemin. On n'a plus alors qu'à se diriger sur le clocher de Trébeurden, où l'on arrive après avoir parcouru deux kilomètres et demi depuis St Uzec.

Du bourg à la grève, voir itinéraire de l'arrivée. Cette excursion, l'Ile-Grande non comprise, demande deux heures.

SIXIÈME EXCURSION

Le Château. — L'Ile Milliau

(A pied)

Devant l'hôtel de la Plage s'étend la grève de **Trozoul**. En longeant celle-ci dans la direction du sud, on arrive, après une promenade de 400 mètres environ, à une petite presqu'île de trois hectares dite le **Château** ou **Castel**, entièrement formée d'énormes rochers qui constituent une des merveilles de Trébeurden.

Passant devant un petit *restaurant* situé au pied même des roches, on s'engage à gauche dans un sentier qui fait entièrement le tour de la presqu'île. Rien ne saurait donner une idée du véritable chaos à travers lequel circule le touriste. Une mer souvent furieuse entoure presque entièrement le *Castel* et semble vouloir en faire l'assaut. Ce ne sont que rochers déchiquetés, aux formes étranges, revêtant l'aspect d'animaux monstrueux (l'ours, le gorille), jusqu'au sommet où se trouve une *pierre branlante* et où l'on arrive par une sorte de labyrinthe permettant de voir l'ensemble du pays sous tous ses aspects. Toutes les expositions s'y trouvent réunies et l'on y découvre à la fois des recoins abrités et ensoleillés et des plateaux toujours fouettés par une brise vivifiante. Aussi est-ce la promenade favorite des baigneurs.

Il est impossible de rencontrer dans toute la région un panorama comparable à celui dont on jouit du haut du *Château*. C'est à la fois quelque chose de féerique, de vertigineux et d'enchanteur ! Lorsqu'à la fête annuelle des Roches-Blanches, qui se célèbre à la St-Jean, on allume au sommet du Castel le feu de joie traditionnel, on se croirait transporté dans une région fantastique. Les reflets rougeâtres illuminent le *Château* de lueurs vacillantes et donnent à tout l'ensemble un cachet diabolique. On s'identifie avec la croyance populaire qui en fait la demeure d'une légion de nains, de Korrigans et de fées. L'imagination aidant, on croit errer au milieu d'une ruine gigantesque, dernier vestige des cataclysmes d'une autre époque.

Pour visiter *Milliau*, qui est séparée du Château par un chenal de 200^m à peine, il faut choisir un jour de grande marée. A ce moment, la mer, se retirant davantage, laisse à sec la passe pendant deux ou trois heures, laps de temps bien suffisant pour parcourir entièrement l'île.

A l'extrémité orientale de Milliau, a été construite une petite cale à laquelle on accède et d'où part un chemin qui pénètre dans l'île. Au nord s'étend une grève de sable fin où l'on peut se baigner. Le sentier venant de la cale monte dans la direction du nord-ouest. On a sous les yeux toute la station balnéaire. C'est là que se trouve un véritable port naturel dont le mouillage profond et sûr permet d'abriter même les navires de guerre. Des barques de pêche le sillonnent en tous sens et, toujours à l'horizon, les îles innombrables et les rochers granitiques, ceinture incomparable qui entoure Trébeurden de toutes parts !

On pénètre, après avoir traversé quelques landes sauvages émaillées de genêts et d'ajoncs en fleurs, dans une prairie bordée de hauts talus gazonnés et on arrive à la ferme qui constitue l'unique habitation de Milliau.

A quelques pas de là, vers le sud, existe une superbe *roche branlante*. Enfin, un peu plus loin, au nord-ouest, nous nous trouvons en face d'une *allée couverte* qui fait l'admiration des touristes.

Ce monument mégalithique a été transformé par les fermiers en remise et en écurie. Une partie s'est éboulée à une époque déjà ancienne. Les débris qui gisent sur le sol montrent encore l'étendue qu'il occupait. Ce qui en reste est assez bien conservé et mesure 9 ^{m} de long sur 2 ^{m} de large et autant de hauteur.

Après avoir quitté l'allée couverte, on gagne la pointe extrême de l'île, en parcourant une région sauvage et bouleversée, que traversent de temps à autre les nombreux lapins qui peuplent Milliau pour la plus grande joie des chasseurs. Ce ne sont que landes arides ou rochers abrupts et quand enfin, arrivé au but, on s'arrête en face de l'Océan, on ne voit de tous côtés que lames furieuses se ruant sans relâche sur ces écueils qui semblent une sentinelle avancée de la Bretagne ! Cependant, à l'horizon, se dessinent dans un lointain vaporeux les côtes du Finistère. Là-bas, la flèche délicate du clocher de Plougasnou, nous montre qu'il existe par là aussi d'autres coins habités et, la nuit, les phares des Triagoz et de l'île de Batz, avec leurs feux intermittents, semblent deux étoiles mystérieuses perdues dans la brume.

« L'île Milliau dépendait anciennement de la terre no-
« ble de Penlan et fit partie de la donation faite à l'abbaye

« de Bégard par l'espagnol Calomnia, voici dans quelles
« circonstances, dit la tradition : « Un jour, — c'était
« vers le temps de l'Epiphanie, — l'odorat de Raoul Ca-
« lomnia, qui était vieux et aveugle, fut flatté par un
« fumet qui éveilla tout à coup son appétit. — Qu'y a-t-il
« donc aujourd'hui de nouveau, demanda-t-il à son do-
« mestique ? — On fête les Rois, répondit celui-ci. —
« Eh bien ! va dire qu'on m'apporte à dîner. — On ne lui
« apporta qu'une cuisse d'oie à demi rongée !... Juste-
« ment indigné, il commanda à son valet de le conduire à
« Grâces, près Guingamp ; mais, chemin faisant, il en-
« tendit sonner la cloche du monastère de Bégard. Il y
« demanda l'hospitalité, et, satisfait de l'accueil qu'il y
« reçut, il déshérita, au profit de l'abbaye, d'ingrats ne-
« veux qui avaient rempli ses jours d'amertume. »

Le retour de Milliau peut s'effectuer en longeant la côte sud. On cotoie tout le temps les immenses rochers qui forment en quelque sorte l'ossature de l'île et l'on revient au point de départ, c'est-à-dire à la passe.

Si par hasard la marée montante empêchait de traverser le chenal à pied sec, le plus simple serait de retourner à la ferme, d'où l'on pourrait se faire ramener par mer, moyennant une légère rétribution.

SEPTIÈME EXCURSION

ILE MOLÈNE
(En bateau)

Parmi les îles qui entourent Trébeurden, celle qui frappe le plus la vue dès l'arrivée est assurément **Molène**. Elle fait contraste avec celles qui l'avoisinent, à cause de sa couleur très claire qui diffère totalement de la teinte plutôt sombre des îles bretonnes en général. Ceci tient à la nature du sol formé là du sable le plus pur, ce qui n'empêche pas cette île ravissante d'être enchassée dans une ceinture de rochers ne laissant rien à désirer comme pittoresque.

Molène est le rendez-vous des pêcheurs de crevettes. Aux grandes marées principalement, le flot s'y retire assez loin pour découvrir les roches les plus profondes dans les creux desquelles fourmille le crustacé cher aux gourmets. Les crevettes y sont non seulement plus nombreuses et plus savoureuses qu'ailleurs, mais surtout beaucoup plus grosses. Il n'est donc pas étonnant que Molène soit le lieu de prédilection des pêcheurs de Trébeurden et même de Lannion.

La distance qui la sépare de Trozoul n'est guère de plus d'un mille marin (1852^m.)

On peut, pour la visiter, prendre un des canots qui partent de la cale de Trozoul et font le trajet en une demi-heure à peine, lorsque le vent n'est pas contraire. On débarque dans une petite anse sablonneuse exposée à l'est, au pied d'une immense dune qui constitue le noyau principal de l'île. A marée basse, comme nous l'avons dit, les rochers sont à sec et l'on n'a que l'embarras du choix pour trouver les endroits propices à la pêche.

Malgré son exiguïté apparente, il ne faut pas croire que Molène manque de variété et que ce soit peu de chose d'en parcourir les différentes parties. On est très surpris de constater combien l'enchevêtrement de toutes ses roches forme de labyrinthes. On a même beaucoup de peine à s'y retrouver, si l'on s'écarte trop les uns des autres.

L'ascension de la grande dune est à faire. C'est de là qu'on peut avoir une idée générale de l'île.

Molène n'est pas habitée, ce qui ne l'empêche pas de posséder quelques souvenirs historiques.

« En 1799 ou 1800, une frégate anglaise croisant à
« hauteur de cette île, cinq de ses officiers firent la bra-
« vade d'y descendre pour chasser. Un enseigne de vais-
« seau auxiliaire, nommé Jacques Pollard, offrit à trois
« matelots d'aller capturer ces chasseurs. Dix militaires
« se joignent à eux armés seulement de leurs sabres.
« M. Pollard aborde à l'île Molène avec ses hommes et,
« marchant droit aux anglais, leur fait mettre bas les
« armes, puis les amène prisonniers en vue de la frégate. »

Les descendants du brave officier habitent encore aujourd'hui Trébeurden.

« En 1838, 200 hommes occupés à récolter du goëmon
« sur les rochers de l'île Molène furent assaillis par une
« tempête effroyable. Manquant de vivres et à peine vêtus,
« ils passèrent la nuit dans les anfractuosités des rochers.

« Le lendemain, la tempête grondant toujours et la posi-
« tion de ces malheureux devenant de plus en plus criti-
« que, leur courageux recteur, l'abbé Le Luyer, se jeta
« dans une barque avec deux hommes de bonne volonté
« et parvint jusqu'à eux, à travers mille dangers, leur
« apportant des provisions de bouche, des couvertures,
« du bois de chauffage, etc. Grâce à son généreux dévoue-
« ment, tous revinrent de là sains et saufs. » *

∴ *Les Côtes-du-Nord par Benjamin Jollivet.*

HUITIÈME EXCURSION

Les Roches-Blanches. — Traoumeur. — Bihit.

(A pied)

Au sud de l'hôtel de la Plage existe une vaste plaine, emplacement d'un ancien marais, limitée à l'ouest par la grève de Trozoul, au sud par la grève de Tresmeur, à l'est par les hauteurs de Trébeurden. Cette plaine est sillonnée en tous sens, pendant la saison, par les baigneurs qui s'y livrent au plaisir du tennis et du croquet. Avant d'arriver à Tresmeur, on remarque un amas de rochers portant le nom de *Roc'h Guen* ou *Roches blanches* qui paraissent avoir été creusés en tous sens par les eaux de la mer. Celle-ci venait, en effet, battre autrefois les flancs de Roc'h Guen. Le sable s'accumulant tout autour, le rocher est devenu presqu'île et partie intégrante du continent. Il est maintenant entouré d'une véritable prairie. Le gazon a recouvert le sable et les touristes se sont emparés des anfractuosités que fouillaient autrefois les flots de l'Océan. L'ascension de ces roches est facile et la vue dont on jouit du sommet est vraiment superbe. On est à deux pas du Château décrit précédemment.

Aujourd'hui, nous nous dirigerons vers la grève de *Tresmeur*, la grande grève, comme on l'appelle, qui s'étend du Château à Bihit, le long de Traoumeur. Cette grève mesure environ un kilomètre de développement. Elle est située à 500 mètres de la cale de Trozoul. Possédant un sable très ferme, extrêmement fin, sans aucune dépression et par suite sans danger à marée montante, elle est adoptée, malgré son aspect actuel peu habité, par les familles qui désirent voir leurs enfants s'ébattre en liberté, sans les perdre de vue. Les cyclistes s'y donnent aussi rendez-vous. C'est en effet un vélodrome naturel idéal. Pas une ride ne vient imprimer aux vélos ces malencontreux soubresauts qu'ils éprouvent sur les routes les mieux entretenues. On ne peut mieux trouver pour faire en peu de temps un apprentissage complet dans les meilleures conditions.

On vient également à Tresmeur pour prendre des bains à la lame. Par suite sans doute d'une disposition particulière de la plage, les vagues, plus hautes qu'ailleurs, s'y brisent avec plus de force. C'est plaisir de voir l'écroulement des lames énormes déferlant avec fracas et enveloppant d'écume les baigneurs.

Le long de la mer s'étend une ligne de dunes plus ou moins gazonnées jusqu'à la propriété Boisboissel, que l'on cite comme exemple de ce qu'on peut obtenir à Traoumeur en fait de végétation. Les plantes du nord et les arbres ou fleurs de l'extrême midi y prospèrent à la fois. C'est que Traoumeur possède un climat exceptionnellement tempéré. Des collines élevées, de pittoresques rochers l'entourent en effet de tous les côtés ayant besoin d'abri. Jamais les vents du nord ou de l'est ne s'y font sentir. On est là dans une véritable serre chaude qu'envieraient bien des stations dites hivernales.

Qui sait si cette plage merveilleuse de Tresmeur ne sera pas un jour bordée de villas somptueuses où s'étaleront dans un cadre admirable toutes les créations d'une architecture ultra fantaisiste ! Quel superbe emplacement pour un casino monumental offrant toutes les séductions du luxe moderne en face d'une grève sans égale et d'une mer écumante !

Ne nous attardons pas toutefois à entrevoir, à travers les rêves de notre imagination, le Trébeurden de l'avenir et contentons nous de jouir de l'aspect actuel si étrangement sauvage de ce coin de Bretagne encore inconnu.

Poursuivons notre excursion et après avoir quitté le bord de la grève, engageons-nous dans le sentier abrupt qui grimpe le long de la mer et nous conduit à Bihit.

Arrêtons-nous un instant au promontoir escarpé, dit *Roch an tur Ancouano* qui surplombe la mer (remarquer, avant d'y arriver, une roche figurant une religieuse agenouillée), puis descendons jusqu'à la *sardinerie* située à l'entrée de la presqu'île. Nous sommes à cheval sur deux grèves : au nord, Tresmeur, au sud, la baie de Lannion, si vaste qu'une flotte entière peut y évoluer à l'aise. Les vaisseaux de guerre y viennent en effet mouiller de temps à autre et il nous a été donné maintes fois d'assister aux exercices de tir de nuit qui s'y font tous les ans. Il n'est pas de feu d'artifice qui puisse rivaliser avec celui-là. Les projections électriques illuminent tour à tour tous les points de la côte, perçant de leurs lueurs éblouissantes l'obscurité environnante. Les îles, les collines, émergent tout-à-coup de la nuit noire, pendant que les détonations du canon semblent répercuter les éclats d'un orage lointain. C'est là un spectacle qui produit une impression profonde et inoubliable !

En quittant la Sardinerie, de création récente et n'ayant rien de particulièrement remarquable, on peut suivre la côte sud pour gagner l'extrémité de Bihit. Avant de contourner la première pointe de la presqu'île, on fera bien de jeter un regard en arrière. La vue rappelle certains paysages des Alpes. Après avoir passé à travers un dédale de rochers plus bizarres les uns que les autres, on arrive à la pointe sud-ouest. Les récifs que l'on y voit sont peut-être encore plus sauvages qu'ailleurs. Usés, fouillés par les assauts répétés des tempêtes, ils se dressent comme un rempart inébranlable au milieu même de la baie. On aperçoit de là les côtes du Finistère, la grève de Locquirec, celle de St-Michel, appelée la « *Lieu de grève* » ou *Lew Drez*. Les flots recouvrent aujourd'hui cette baie immense qu'occupait autrefois, si l'on en croit la tradition, la forêt de *Thémeur*. Ce qu'il y a de certain, c'est qu'à marée basse on trouve parfois dans la grève de Tresmeur des troncs d'arbres parfaitement conservés.

La forêt de *Thémeur* s'étendait, paraît-il, de Trébeurden à Primel, englobant toute la baie de St-Michel où aurait en même temps existé une antique et puissante cité. Les vieux pêcheurs prétendent encore avoir vu les pointes de clochers émergeant du sable, un jour que la mer s'était retirée exceptionnellement loin.

Remarquez au fond de la baie de St-Michel une sorte de petite montagne de forme conique. C'est *Roc'h Ellas*, qui a donné lieu à une charmante légende que nous citerons à cause de sa saveur toute particulière, et bien qu'elle ne concerne pas spécialement Trébeurden.

« Voici que minuit sonne à l'église de St-Michel-en-
« Grève, minuit de la Pentecôte bénie !

« C'est l'heure où les vrais chrétiens reposent leur tête
« sur l'oreiller de balle, content de ce que le bon Dieu
« leur a donné, et s'endorment au cher bruit que fait la
« respiration des petits enfants endormis. »

« Mais Perik Scoarn, lui, n'a pas de petits enfants. C'est
« un jeune homme hardi et seul dans la vie. Il a vu les
« nobles des environs venir à l'église, et il est envieux de
« leurs chevaux à brides plaquées d'argent, de leurs
« manteaux de velours et de leurs bas de soie à coins
« bariolés. »

« Il voudrait être riche comme eux, afin d'avoir à l'égli-
« se, un banc garni de cuir rouge et de pouvoir conduire
« au *pardon* les belles *pennérès*, assises sur la croupe de
« son cheval et un bras appuyé sur son épaule. »

« Voilà pourquoi Périk se promène sur le *Lew Drez*,
« au pied de la dune de St-Efflam, tandis que les chrétiens
« reposent dans leurs maisons, protégés par la Vierge.
« Périk est un homme amoureux de grandeurs et de belles
« filles ; les désirs sont aussi nombreux dans son cœur que
« les nids d'hirondelles de mer sur les grands récifs. »

« Les vagues soupirent tristement à l'horizon noir, les
« cancres rongent à petit bruit les cadavres des noyés ;
« le vent qui souffle dans les fentes de Roc'h-Ellas imite
« le sifflet des *collecteurs* de la Lew-Drez, mais Scoarn se
« promène toujours. »

« Il regarde la montagne et repasse dans sa mémoire
« ce que lui a dit le vieux mendiant de la croix d'Yar. Le
« vieux mendiant sait ce qui s'est passé dans la contrée,

« alors que nos plus vieux chênes étaient encore des glands
« et nos plus vieilles corneilles des œufs non couvés. »

« Or, le vieux mendiant d'Yar lui a dit que là où se
« dresse aujourd'hui la dune de St-Efflam, s'étendait
« autrefois une ville puissante. Les flottes de cette ville
« couvraient la mer et elle était gouvernée par un roi
« ayant pour sceptre une baguette de noisetier, avec la-
« quelle il changeait toutes choses selon son désir. »

« Mais la ville et le roi furent damnés pour leurs crimes,
« si bien qu'un jour, par l'ordre de Dieu, les grèves s'é-
« levèrent comme les flots d'une eau bouillonnante et en-
« gloutirent la cité. Seulement, chaque année, la nuit de
« la Pentecôte, au premier coup de minuit, un passage
« s'ouvre dans la montagne et permet d'arriver jusqu'au
« palais du roi. »

« Dans la dernière salle de ce palais se trouve suspen-
« due la baguette de noisetier qui donne tout pouvoir,
« mais pour arriver jusqu'à elle il faut se hâter, car
« aussitôt que le dernier son de minuit s'est éteint, le
« passage se referme et ne doit se rouvrir qu'à la Pente-
« côte suivante. »

« Scoarn a retenu ce récit du vieux mendiant d'Yar et
« voilà pourquoi il se promène si tard sur la Lew Drez. »

« Enfin, un tintement aigu retentit au clocher de
« St-Michel ; Scoarn tressaille ! il regarde, à la clarté des
« étoiles, le rocher de granit qui forme la tête de la
« montagne et le voit s'entrouvrir lentement comme la
« gueule d'un dragon qui s'éveille. »

« Il assure alors à son poignet le cordon de cuir qui
« retient son *Pen-bas* et se précipite dans le passage,
« d'abord obscur, puis éclairé par une lumière semblable à

« celles qui brillent, la nuit, dans les cimetières. Il arrive
« ainsi à un palais immense dont les pierres sont sculptées
« comme celles de l'église du *Fou de bois* ou de Quim-
« per sur l'Odet. »

« La première salle où il entre est pleine de bahuts
« où est entassé autant d'argent que l'on voit de grains
« de blé dans les herbes, après la moisson ; mais Périk
« veut plus que de l'argent et il passe outre ! — Dans ce
« moment sonne le sixième coup de minuit ! »

« Il trouve une seconde salle de coffres qui regorgent de
« plus d'or que les rateliers ne regorgent d'herbes en fleur
« au mois de Juin. Perik Scoarn aime l'or ; mais il veut
« encore davantage et il va encore plus loin. — Le sep-
« tième coup vient de sonner. »

« La troisième salle où il entre est garnie de corbeilles
« où les perles ruissellent comme le lait dans les terrines
« de terre de Cornouailles, aux premiers jours de printemps.
« Scoarn eût bien voulu en emporter pour les jolies filles
« de Plestin, mais il continue sa route, en entendant son-
« ner le huitième coup. »

« La quatrième salle était tout éclairée par des coffrets
« remplis de diamants, jetant plus de flammes que les
« bûchers d'ajoncs sur les coteaux du Douron, le soir de
« la St-Jean. Scoarn est ébloui ! Il s'arrête un instant,
« puis court vers la dernière salle en entendant frapper le
« neuvième coup. »

« Mais là il demeure subitement saisi d'admiration !
« Devant la baguette de noisetier que l'on voit supendu au
« fond, sont rangées cent jeunes filles, belles à perdre les
« saints. Chacune d'elles tient, d'une main, une couronne
« de chêne, et de l'autre, une coupe de *vin de feu*. Scoarn,

« qui a résisté à l'argent, à l'or, aux perles et aux diamants, « ne peut résister à la vue de ces belles créatures, amies « du péché. »

« Le dixième coup sonne et il ne l'entend point ; le on- « zième se fait entendre et il demeure immobile ; enfin, « le douzième retentit aussi lugubre que le coup de « canon d'un navire en perdition parmi les brisants !... »

« Périk épouvanté veut retourner en arrière ; mais il « n'est plus temps ! toutes les portes se sont refermées ; « les cent belles jeunes filles ont fait place à cent statues « de granit et tout rentre dans la nuit ! »

« Voilà, ajoute le chroniqueur de la légende, comment les vieillards ont raconté l'histoire de Scoarn. Vous savez maintenant ce qui arriva à ce jeune homme pour avoir ouvert trop facilement son cœur aux séductions. Que la jeunesse prenne son enseignement ; il est bon de marcher les yeux baissés vers la terre, de peur de désirer les étoiles qui sont à Dieu et à ses anges. »

NEUVIÈME EXCURSION

LE SÉMAPHORE. — PORS-MABO
(A Pied)

Le chemin le plus commode pour aller au **Sémaphore** est celui qui mène au bourg. A partir de la place, on contourne l'église et on prend à droite une petite rue étroite qui forme le prolongement de la route de Lannion. On ne tarde pas à arriver à destination.

On peut encore s'y rendre en prenant à droite, à 400^m de Trozoul, un chemin en mauvais état y conduisant presque directement. On passe devant quelques maisons qui constituent les hameaux du *Gaffric* et du *Gavel*. On est alors sur un plateau dominant Traoumeur, le Château, Bihit et Milliau (horizon admirable). On incline légèrement vers la gauche et on aperçoit aussitôt le *Sémaphore* (1500^m) sur le chemin de Bihit au bourg.

On y trouve un télégraphe ouvert au public, divers instruments météorologiques, des lunettes, boussoles, etc., en un mot tout le matériel ordinaire des sémaphores.

En le quittant, on doit d'abord se diriger vers le bourg et prendre ensuite le chemin qui tourne à droite presque aussitôt. On descend dans une charmante vallée plantée d'arbres dont la luxuriante végétation contraste agréablement avec l'aridité des environs. C'est une succession de prairies verdoyantes, de landes aux ajoncs fleuris, de bosquets touffus encadrant quelques chaumières disséminées dans un désordre charmant et de temps en temps, un frais ruisseau fait entendre le bruit gazouillant de sa cascade avant de se précipiter vers la mer !

Arrivé devant un puits public, on remarque un large sentier qui, selon l'usage du pays, est fermé par une barrière mobile. On descend par là et, après être retombé sur un petit chemin abrupt qui passe au milieu de deux ou trois petites fermes, on rejoint une route qui va de Keravel à la mer (voir excursion 10). On est arrivé.

La grève de **Pors-Mabo** n'est pas précisément l'idéal des baigneurs. Elle est presque entièrement couverte de galets et manque un peu d'horizon. Son seul avantage est d'être admirablement abritée et surtout d'être entourée d'une végétation vigoureuse. Les arbres viennent littéralement s'y baigner dans la mer.

Le trajet de Trozoul à Pors-Mabo ne demande guère plus de trois quarts d'heure.

Pour le retour, nous conseillons aux touristes de longer la côte en se dirigeant vers Bihit, c'est-à-dire vers l'ouest. Il existe bien un ravissant petit sentier faisant suite au chemin qui remonte de la grève et qui permet de regagner le bourg en serpentant au milieu des prés ombragés, mais on risquerait, sans un guide, de s'égarer et, à moins qu'on ne désire éprouver les émotions de l'imprévu, il est préférable de côtoyer la mer.

La promenade de Pors-Mabo à Bihit par un fort vent du nord permet d'apprécier combien toute cette côte sud, est privilégiée sous le rapport de la température. Quand le plateau est balayé par une bise glaciale, on circule sur le sentier dont nous venons de parler, en jouissant du bien-être d'une température toujours calme et tempérée. Tout ce versant est exposé en plein midi et absolument abrité des vents froids. On y domine la jolie baie de Lannion et on arrive en face d'un îlot rocheux très rapproché de la terre et que l'on appelle la « **Roche-Mignonne** ». On accède à marée basse à ce rocher très escarpé et l'on raconte dans le pays maintes histoires de pêcheurs d'« ormeaux » surpris par la marée et obligés de séjourner sur cet îlot fort peu hospitalier jusqu'à ce que la mer se fût retirée de nouveau.

Si on ne veut pas aller jusqu'à la *Sardinerie* (excursion 8), où aboutit le sentier qui longe la grève de Tresmeur, on pourra prendre un chemin rocailleux qui grimpe jusqu'au sommet de la falaise et retombe sur la route du Sémaphore à Bihit.

On trouve vers cet endroit les ruines d'une ancienne *justice*.

On a aussi de là la plus jolie vue d'ensemble peut-être de tout le pays. On voit sous ses pieds se dérouler jusqu'à la mer les pentes accidentées qui entourent Traoumeur et on aperçoit de la hauteur les vagues venant se briser sur la magnifique plage que limite d'une part la presqu'île de Bihit et de l'autre le Château.

Que l'on suive ensuite la crête des collines en se dirigeant vers le nord ou que l'on prenne le chemin parallèle à la mer qui se trouve un peu plus dans l'intérieur des terres, on aboutit à un ravin qui descend vers deux petites fermes situées auprès de la propriété Boisboissel.

On fera bien de faire l'ascension des splendides roches qui surplombent cette dernière habitation. On en sera largement récompensé par le spectacle merveilleux que l'on pourra contempler de là. On descendra ensuite à travers les landes en se dirigeant presque en droite ligne vers Trozoul où l'on arrivera en peu de temps.

DIXIÈME EXCURSION

De Trébeurden (grève) à Becléguer et au Yaudet

(A pied)

Se rendre d'abord au bourg. Passer devant l'église et continuer jusqu'à la mairie, en laissant à gauche la route de Lannion. Arrivé là, on se trouve en face de deux chemins. On prend celui de droite que l'on suit, sans se préoccuper de ceux qui le coupent. A environ 1200 mètres de l'église, on retombe sur la route de Pors-Mabo à Keravel (voir excursion 9). On gravit celle-ci pendant un kilomètre, en décrivant un lacet jusqu'au hameau de *Keravel*. On l'abandonne là, au moment où elle tourne brusquement à gauche, après la première maison. On s'engage dans le petit chemin qui fait suite à celui que l'on vient de quitter. Après une cinquantaine de mètres, on le laisse à son tour pour descendre à droite par un sentier très encaissé de deux mètres de large jusqu'à *Goasragoir*, à l'embouchure d'un ruisseau qui se jette dans la mer, au milieu d'une ravissante grève de sable fin, à l'extrémité de la pittoresque vallée de *Kerdanic*, dans le fond de laquelle on aperçoit la chapelle de *Saint-Dourienc*.

On est à trois kilomètres du bourg de Trébeurden.

Après avoir traversé le ruisseau de St-Douriene sur les grosses pierres qui en obstruent le lit, on trouve un chemin rocailleux qui grimpe dans la direction de l'est. On s'y engage, en inclinant toujours vers la droite. On domine la vallée et on passe auprès d'un charmant petit bois de hêtres. On ne tarde pas à apercevoir une agglomération de maisons. C'est le hameau de **Becléguer,** qu'on traverse jusqu'à ce que l'on rencontre un moulin en ruine. On prend alors à gauche la route de Servel que l'on suit jusqu'à une croix de granit brisée, dont il ne reste que le piédestal (900m). On tourne ensuite à droite et inclinant toujours dans le même sens, en négligeant un premier chemin qui retourne à Becléguer, on descend dans la vallée du *Guer*, après avoir passé devant un calvaire qui occupe le centre d'un carrefour.

La baie, vue de la hauteur, est réellement magnifique. C'est un des beaux coups d'œil de la région. En face, sur la rive gauche, se dresse le hameau du **Yaudet,** que domine son église. On n'a plus qu'à continuer, pour aboutir à l'auberge de l'*Abri de la Tempête* et à la *cale* de Becléguer, en passant au-dessus du *Béguen* (sardinerie).

Il faut une heure et demie pour aller de Trozoul à la baie de Lannion.

On peut abréger le trajet d'un kilomètre, en continuant en droite ligne à partir du moulin de Becléguer. On traverse le hameau composé d'une seule rue et on descend directement à l'*Abri de la Tempête* par un sentier à pic partant de la dernière maison du hameau.

Traversant ensuite la baie avec le bac qui fait le service (10 centimes par personne), on ira visiter le village du *Yaudet*.

Le *Yaudet* se trouve sur l'emplacement de l'ancienne *Lexovie*, aussi célèbre autrefois que la fameuse ville d'*Ys* et alors résidence des évêques du pays trécorrois.

L'*église* du Yaudet serait, d'après la tradition, la plus ancienne chapelle qui ait été dédiée à la Vierge dans toute l'Armorique. Elle est le but d'un pèlerinage fréquenté pendant tout le mois de mai et aurait été construite avec les matériaux provenant de l'ancienne cathédrale de Lexovie.

Remarquer au-dessus du maître-autel, un groupe extrêmement original représentant la Sainte Famille, la Vierge étant couchée dans un lit et l'Enfant Jésus placé à ses côtés.

La ville de *Lexovie* fut assiégée en 836 par Hasting ou Haston, général danois, qui vint débarquer à l'embouchure du Guer avec sa flotte.

« Les habitants, dit la chronique, firent bonne
« contenance et repoussèrent plusieurs assauts.
« Enfin, ils se rendirent. Sans respect pour les conditions
« stipulées par eux et acceptées par Hasting, ce barbare
« se précipita dans la ville sitôt que les portes en furent
« ouvertes et passa impitoyablement tous les habitants au
« fil de l'épée, sans distinction de rang, d'âge ou de sexe.

« Tel fut le sort de cette ville, qui, la première dans
« l'Armorique, croit-on, brisa pour toujours ses
« idoles et chassa ses druides pour embrasser le chris-
« tianisme. »

« La *baie* du *Yaudet* offre aux navires un mouillage sûr,
« à l'abri des vents. La rade a la forme d'un hémicycle ;
« elle est protégée par de hautes collines, mais il est dan-
« gereux d'y entrer lorsque la mer est basse à cause de la

« *barre*, grand banc de sable qui la sépare de la pleine
« mer et se trouve située précisément à l'entrée de la
« baie. »

« Parmi les rochers nombreux de la côte, se cache, au
« fond d'une anse, une *grotte* qu'une tradition populaire
« a rendue célèbre. C'est là qu'est enfermée, avec d'im-
« menses trésors, depuis douze ou quinze siècles, une
« princesse du pays de Lexovie. Elle n'est point morte ;
« elle dort par l'effet d'un enchantement qui doit prendre
« fin lorsqu'un célibataire à l'âme inaccessible à la peur
« viendra la délivrer. Certes les Bretons ont du courage
« et pourtant nul encore n'a osé tenter l'aventure, bien
« que personne n'ignore que la main et toutes les riches-
« ses de la princesse seront la récompense du libérateur.
« Mais, on se doute bien qu'il ne suffira point de se pré-
« senter à la grotte à jeûn, le jour de la Pentecôte, à
« l'heure précise de minuit ; l'enchanteur, sans nul
« doute, ne cédera pas sans combattre ; il se présentera
« sous la forme de quelque monstrueux dragon, couvert
« d'écailles et vomissant des flammes !... Voilà pourquoi
« le cœur manque aux jeunes gens, voilà pourquoi la
« princesse n'est pas encore délivrée. »

« De la pointe du promontoir du Yaudet, la vue em-
« brasse un admirable panorama. Çà et là, le long de la
« côte, quelques moutons paissent l'herbe rare et le jonc
« marin qui tapissent les falaises ; devant vous s'étend
« une vaste grève de sable que la mer laisse à sec en se
« retirant ; mais vienne la marée montante, le spectacle
« change, les flots de la mer envahissent cette grève et
« l'on voit s'avancer dans le lointain de nombreuses pe-
« tites barques, formant comme une flotille qui se dirige

« vers l'embouchure du Guer pour se rendre à Lannion.
« Ces bateaux sont presque tous chargés d'engrais de
« mer, dont ils font le commerce.

« De ce même endroit, lorsque le temps est clair, on
« aperçoit, perdus à l'horizon des mers et semblables à
« deux points noirs, le clocher de St-Pol-de-Léon et le
« phare de l'île de Batz*. »

Après avoir regagné l'Abri de la Tempête, on pourra aller jusqu'à la pointe de *Becléguer* et retourner à Trébeurden en longeant la côte jusqu'à Goasragoir. A partir de là, on gravira le chemin suivi à l'arrivée (rive droite du ruisseau) pendant 150 mètres environ jusqu'à l'endroit où il tourne brusquement à droite. On le quittera alors pour s'engager à gauche dans un sentier dont l'entrée est fermée à l'aide de pierres. On suivra ainsi la falaise, entre la mer et les hauts rochers abrupts qui la dominent, jusqu'à *Pors-Mabo*, où l'on débouchera après avoir traversé une petite ferme.

De Pors-Mabo à Trébeurden, voir excursion 9.

Cette promenade ne peut se faire qu'à pied et demande une bonne demi-journée.

Pour aller à Becléguer en voiture, il serait nécessaire de passer par le *Champ-Blanc*, d'où une route directe y conduit.

On peut encore s'y rendre par mer. (Promenade recommandée par beau temps).

∴ *Les Côtes-du-Nord, par Benjamin Jollivet.*

CLIMAT

Le climat de Trébeurden présente certaines particularités sur lesquelles il est bon de s'appesantir. De tout temps la salubrité exceptionnelle de cette localité avait été signalée. Nous avons dit déjà que l'on y envoyait autrefois les séminaristes convalescents ou malades et que leur santé ne tardait pas à s'y rétablir. Nul doute qu'aujourd'hui encore Trébeurden ne convienne particulièrement aux personnes d'un tempérament délicat.

Mais, ce n'est pas seulement au point de vue de la salubrité, c'est surtout en raison de la douceur de la température que Trébeurden se distingue des plages même voisines. La cause en est bien simple. Chacun sait qu'un endroit quelconque est d'autant plus tempéré, qu'il est plus rapproché de la mer. Sous ce rapport là Trébeurden est dans les mêmes conditions que les autres stations de Bretagne, avec ceci en plus toutefois, c'est que la mer ne se contente pas de le baigner d'un seul côté, mais qu'elle l'entoure presque complètement, ce qui augmente singulièrement son influence. Roscoff jouit également de cet avantage si apprécié, qui lui a valu une réputation toute spéciale et lui permet d'obtenir des primeurs en pleine terre, même avant les pays du midi, mais, ce que Roscoff ne possède pas, ce que n'ont pas les autres plages de la côte nord de Bretagne, c'est cette orientation absolument méridionale tout à fait propre à Trébeurden. Et, pour compléter cette heureuse disposition, une véritable ceinture de hautes collines enserre toute cette région et la protège à la fois du côté du nord et du côté de l'est, l'abritant d'une façon absolue contre tous les vents froids. Allez en hiver à Porstermen, à Trozoul, à Traoumeur ou à Pors-Mabo, lorsque le vent souffle du nord, que la terre est complètement gelée aux environs même immédiats, c'est-à-dire au bourg ou à Lannion, vous serez étonné du contraste vraiment surprenant que vous remarquerez. Pour peu que brille un rayon de soleil, vous vous croirez transporté aux plus beaux jours de l'été. Je me hâte de faire remarquer que cette véritable anomalie est absolument limitée aux endroits que je viens de citer et qu'il suffit de s'éloigner de quelques centaines de mètres des bords de la mer pour retrouver le climat ordinaire de la Bretagne.

Ce qui démontre combien les hivers sont peu rigoureux à Trozoul, c'est qu'à l'hôtel qui s'y trouve, on ne sent jamais le besoin, même pendant les mois les plus froids, de chauffer la salle à manger. On agit également ainsi dans les maisons voisines.

Le *Gulf-Stream* exerce aussi une influence considérable sur la température des hivers de Trébeurden. On connaît le rôle climatérique si important de ce vaste courant d'eau chaude. Eh bien, il paraît prouvé aujourd'hui qu'une de ses ramifications s'en détache vers la latitude de Brest, passe au large de Roscoff, vient battre contre les falaises de Porstermen et se dirige ensuite vers le nord, en passant entre les Sept Iles et la terre.

Est-ce à dire que l'hiver à Trébeurden soit une réédition de l'été ? Non, assurément. Les journées merveilleusement belles n'y sont pas toujours la règle absolue et il y a généralement en automne une période de tempêtes assez fréquentes, mais ces perturbations atmosphériques sont toujours accompagnées de vents d'ouest remarquablement doux à cette époque de l'année.

Voici d'ailleurs ce qui ressort des observations thermométriques faites d'une façon très scrupuleuse à Trozoul pendant l'hiver 1896-1897. Nous constatons que les jours de gelée ont été :

En Octobre 1896, à Trozoul, 0,	à Lannion, 4	à Paris, 1
Novembre 1896	Id. 2	Id. 9	Id. 16
Décembre 1896	Id. 2	Id. 10	Id. 12
Janvier 1897	Id. 3	Id. 15	Id. 14
Février 1897	Id. 1	Id. 4	Id. 7
Mars 1897	Id. 0	Id. 1	Id. 1
Soit pour l'hiver 1896-97	8	43	51

En Novembre 1897 nous remarquons également 1 jour de gelée à Trozoul contre 12 à Paris.

Ces observations très intéressantes ont dû être interrompues pour des causes indépendantes de notre volonté. Elles suffisent toutefois pour donner une idée exacte des différences profondes qui existent entre la température de la région qui nous occupe et celle même de Lannion, qui en est pourtant bien rapproché. Il en ressort aussi que les écarts entre les maxima et les minima y sont bien moins considérables qu'ailleurs. C'est pourquoi le séjour de Trébeurden exerce une action si favorable sur le traitement de certaines affections telles que le diabète, les gastralgies, le rhumatisme, la goutte, le lymphatisme, etc.

Après avoir étudié Trébeurden sous ce rapport, il nous reste à l'envisager au point de vue hydrométrique. Là encore il présente un avantage marqué sur les autres contrées de la Bretagne. Il y pleut beaucoup moins qu'autre part. Le fait a été reconnu maintes fois par les personnes qui se rendent habituellement de Lannion à Trozoul. Il est fréquent, après avoir reçu une bonne averse en route, de constater en arrivant à la grève que pas une goutte n'y est tombée.

Comment expliquer ce phénomène qui parait si étrange au premier abord ? La cause en est toute simple et bien connue des météorologistes.

Lorsque les nuages venant de la mer arrivent sur une région très accidentée, ils sont obligés de s'élever en raison du relief du sol et de la couche d'air inférieure qui leur offre une certaine résistance. Ils pénètrent, au fur et à mesure qu'ils montent dans un air plus froid et si, comme c'est le cas par les vents marins, ils sont saturés d'humidité, le point de saturation se trouvant rapidement dépassé par suite du refroidissement, ils se résolvent immédiatement en pluie. La conséquence en est qu'il pleut généralement à partir de l'endroit seulement où le sol s'élève et c'est précisément ce qui arrive à Trébeurden par les vents d'ouest, qui ne deviennent pluvieux qu'à leur arrivée sur le plateau, c'est-à-dire au bourg, tandis qu'ils ne font que passer sur Trozoul et Traoumeur.

Il y a longtemps que l'on a remarqué qu'il pleut beaucoup plus dans les pays montagneux que dans les plaines. Ce qui se produit en grand ailleurs se reproduit ici en petit, les mêmes causes amenant partout les mêmes effets.

La proximité de la baie de Lannion contribue encore à augmenter la rareté des pluies aux grèves de Trébeurden. C'est une chose aujourd'hui parfaitement constatée que cette propriété des rivières d'attirer les nuages. Les régions voisines en sont débarrassées, bien entendu. L'humidité proverbiale de Londres, de Bordeaux, de Nantes, du Hâvre, de Rouen n'est-elle pas due uniquement à ce que ces villes sont situées à l'embouchure de grands fleuves ?

On voit que théoriquement le climat de Trébeurden doit être plus doux et plus sec que celui des autres plages bien moins privilégiées comme situation. Nous pouvons ajouter que toutes les observations faites jusqu'à ce jour ont pleinement confirmé les hypothèses émises à cet égard.

Pour la même raison les orages y sont d'une rareté extrême.

Il est donc très naturel que l'on ait songé déjà à faire de Trébeurden une *station d'hiver*. L'avenir qui lui est réservé sous ce rapport ne fait pas le moindre doute.

COMMENT ON PASSE LE TEMPS A TRÉBEURDEN

Il ne faut pas, en venant se fixer pour un temps plus ou moins long à Trébeurden, songer y rencontrer les distractions des villes d'eaux en vogue. Nous sommes ici sur une véritable *plage de famille* et nous devons à l'avance nous résoudre à n'y trouver que les plaisirs sains et réconfortants de la grande nature. Par exemple, rien n'y manque sous ce rapport et nous n'aurons que l'embarras du choix, si nous désirons nous livrer aux exercices variés que la mer seule peut offrir.

Nous avons déjà décrit les diverses excursions intéressantes que présentent les environs. Nous allons successivement donner la nomenclature des autres attractions qui attendent l'étranger.

Vélocipédie & Automobilisme

Trébeurden est rattaché à l'intérieur de la Bretagne par d'excellentes routes que vélos et automobiles peuvent suivre en toute confiance. Nous citerons particulièrement celle de Lannion par le Champ blanc et celle de Trégastel, Ploumanach, la Clarté et Perros par Pleumeur-Bodou.

De Lannion, il est facile de rayonner au loin et de visiter les nombreuses curiosités de l'arrondissement, sans contredit l'un des plus intéressants de la Bretagne.

Lawn-Tennis & Croquet

Ces passe-temps sont un excellent exercice pour les enfants, les jeunes filles et même les grandes personnes qui ne dédaignent pas les plaisirs tranquilles.

On a établi entre *Trozoul* et le *Château* plusieurs emplacements tout à fait convenables pour ces différents amusements.

Jeu de Boules

C'est le jeu national du pays d'Armor. Il n'existe pas dans la région lannionnaise d'auberge se respectant un peu qui ne possède au moins son « *allée de boules.* » Avis donc aux étrangers qui veulent, en venant en Bretagne, goûter des distractions tout à fait locales.

Canotage & Yachting

Il n'existe guère d'endroit plus propice à ce genre de sport. La *cale* de Trozoul rend l'accostage et l'embarquement faciles.

La promenade en bateau ne manque pas de buts intéressants. Nous citerons notamment l'excursion par mer de *Lannion* et du *Yaudet*, qui permet de traverser dans toute son étendue la rade admirable située à l'entrée de la rivière, celles de Locquémeau (sardinerie), de Locquirec et de Primel.

Nous recommandons aussi particulièrement le voyage au *phare* des *Triagoz* et aux *Sept-Iles.* Il y a là des choses extrêmement intéressantes à voir et dont le détail nous obligerait à des développements que ne comporte pas le cadre de cet ouvrage.

Bains de mer

Trébeurden possède à la fois cinq grèves bien différentes d'aspect, d'orientation et surtout de propriétés thérapeutiques.

Passons-les successivement en revue, en indiquant leurs spécialités respectives :

1º *Goastrez*, exposition nord-ouest. Plage à gravier, un peu froide, convient spécialement aux sujets diabétiques ou herpétiques, aux malades dont le système nerveux est déprimé.

2º *Porstermen*. — Exposition ouest — sable fin — convient aux enfants, aux convalescents, aux neurasthéniques et aux personnes à poitrine délicate.

3º *Trozoul*. — Même exposition — gros sable — lames faibles à effet sédatif. — Excelle dans le traitement de la chloro-anémie et du lymphatisme.

4º *Tresmeur*. — Exposition sud-ouest. — Eau chaude à lames très fortes. Recommandée aux sujets déprimés à réaction difficile et aux rhumatisants.

5º *Pors-Mabo*. — Grève à galets — très chaude — convient aux débilités et aux anémiés.

Nous devons dire quelques mots des *bains de sable*, trop peu usités et pourtant d'une efficacité très grande dans le traitement des vieux rhumatismes, de l'anémie, de l'arthritisme et de toutes les maladies qui proviennent d'un appauvrissement constitutionnel ou accidentel de l'organisme.

Tresmeur est le lieu tout indiqué pour cela.

Il suffit de choisir un endroit sablonneux bien exposé au midi, d'y faire creuser, une ou deux heures à l'avance une fosse assez longue, mais peu profonde et d'y coucher le baigneur, dès que le soleil en a bien réchauffé l'intérieur. On le recouvre ensuite avec le sable amoncelé de chaque côté et on l'abrite avec une petite tente de flanelle blanche qui empêche le rayonnement de la chaleur renfermée dans le sol.

Le bain de sable ne doit pas durer plus d'une demi-heure.

Géologie & Botanique

On pourra utiliser ses loisirs d'une façon très instructive, en profitant de son séjour à la mer pour étudier la *flore* et la *géologie* qui présentent ici plus qu'ailleurs un très vif intérêt.

Les côtes de Trébeurden sont composées en majeure partie de terrains granitiques. On y rencontre une grande variété d'espèces de granit et de quartz de tous grains et de toutes couleurs. Nous citerons, comme particulièrement intéressante, la carrière de Trovern où l'on exploite du *quartz améthyste*.

La *flore* est d'une richesse tout à fait remarquable. Elle comprend, non seulement les espèces de plantes propres à la Bretagne, mais aussi celles qui sont spéciales aux bords de la mer. La nature du sol, tantôt granitique, tantôt sablonneux ou argileux et le climat très tempéré de ces grèves, sont la cause de l'extrême variété des plantes que l'on y rencontre.

Outre des herbiers de plantes terrestres, on pourra y composer des herbiers marins d'une richesse incomparable. Quoi de plus ravissant, en effet, que ces superbes albums où l'on conserve, avec leurs couleurs naturelles, ces algues si variées qui foisonnent dans l'Océan.

On se contente de récolter les algues à mer basse et de les entasser dans un simple panier de pêche. De retour à la maison, on les dessèche et lorsqu'on veut les utiliser, on les plonge pendant quelques heures dans l'eau douce. Les diverses parties se décollent d'elles-mêmes. On retire un à un les échantillons que l'on a nettoyés avec soin et on les dépose dans une assiette au fond de laquelle on a placé une feuille de papier que l'on recouvre d'eau bien propre. On sépare avec une aiguille les diverses ramifications de la plante et, lorsque celle-ci est bien étalée sur le papier, on n'a plus qu'à soulever ce dernier avec précaution pour obtenir un spécimen parfait de l'algue que l'on veut conserver. Il suffit de laisser ensuite sécher le tout sous une vitre et de le soumettre à une pression assez forte. Tous les détails les plus minutieux de la plante se trouvent reproduits sur le papier comme en une véritable aquarelle.

On ne se figure pas, sans les avoir vues, combien ces sortes de collections sont jolies et quelle richesse de formes et de coloris elles possèdent.

Chasse

Peu de régions sont aussi bien douées sous ce rapport. Les réserves étant à Trébeurden tout à fait l'exception, les chasseurs ont pleine liberté de courir « par monts et par vaux » à la poursuite des lièvres et des perdrix qui abondent.

L'hiver, bécasses, bécassines, vanneaux, sarcelles, pluviers, canards sauvages et autres gibiers d'eau viennent faire une agréable diversion. Quant aux lapins, ils pullulent en toute saison dans les terrains vagues qui bordent la mer. Enfin, la chasse aux oiseaux de mer est autorisée en tout temps et ce ne sont pas les variétés qui manquent : mouettes, goëlands, courlis, perroquets de mer, cormorans, pétrels, etc., donnent à l'ornithologiste l'occasion de se monter une collection des plus complètes.

Pêche

C'est là la grande ressource de Trébeurden. Commençons d'abord par décrire les poissons, mollusques ou crustacés qui peuvent se pêcher sans l'aide d'une embarcation.

Le *Lançon* ou *Équille* (Ammodytes tobianus) se prend à marée basse sur les plages de sable où il s'enfouit légèrement. La grève de Tresmeur est tout à fait propice pour ce genre de pêche qui convient spécialement aux enfants. On se munit d'un crochet ou d'une faucille et on trace rapidement des sillons dans le sable. Le poisson saute au-dehors et on le ramasse vivement.

La *Crevette* de Trébeurden est la crevette rose, qui rougit par la cuisson. Son véritable nom est le *Palémon porte-scie* (Palæmon serratus). Elle se tient plus particulièrement dans les roches ou dans les herbiers. Celle qui vit dans ces derniers endroits est plus délicate. On la pêche principalement autour de Kerellec, du Château ou de Bihit. On en trouve également devant Trozoul ;

mais le lieu le plus renommé pour cette pêche est Molène, que fréquentent aux marées d'équinoxe les amateurs de Trébeurden et de Lannion. L'attirail n'est pas bien compliqué, un simple filet à main est suffisant. L'essentiel est d'être vêtu de façon à ne pas craindre de se mouiller.

L'*Haliotide tuberculée* (Haliotis tuberculata), appelée dans le pays *Ormeau*, se détache des roches profondes découvertes aux grandes marées. Elle est délicieuse et sa coquille nacrée mérite d'être conservée. Ce gastéropode est devenu tout à fait célèbre depuis qu'un jeune savant, M. Moissan, a trouvé le moyen de lui faire produire des perles artificielles.

La *Patelle vulgaire* (Patella vulgaris), connue en Bretagne sous le nom de *Bernique*, se rencontre également sur les roches que découvre la mer en se retirant.

Nous citerons encore pour mémoire : le *Vigneau* ou *Bigorneau* (Littorina littorea) qui abonde sur tous les rochers, le *Maya* ou *Grande Araignée de mer* (Maia spinado), qui se tient parmi les plantes marines, le *Peigne* ou *Coquille St-Jacques* (Pecten maximus), un des coquillages les plus estimés.

Une pêche aussi très facile est celle à la ligne de fond, qui se pratique à marée basse le long des rochers de la côte et surtout dans la passe de Milliau. On amorce simplement l'hameçon avec une sardine ou un ver de vase et on prend de cette façon : le *Bar* (Labrax lupus), excellent et attteignant parfois des dimensions considérables, la *Vieille* (Labrus bergylta), un des plus jolis poissons, d'un rouge tacheté de bleu et de jaune, le *Merlan charbonnier* (Merlangus carbonarius) appelé *Lieu* par les pêcheurs.

Parmi les poissons ou crustacés que l'on prend plus particulièrement en pleine mer, nous citerons comme étant les plus répandus :

Le *Saumon* (Salmo salar), que l'on capture à marée descendante dans la rivière de Lannion et dans la passe de Milliau ;

La *Sardine* (Alosa sardina), qui est l'objet de la grande pêche de Bretagne. Celle-ci dure de Juin à décembre. On peut voir à la sardinerie de Bihit les détails très intéressants de la fabrication des conserves de cet excellent poisson ;

Le *Homard* (Homarus vulgaris) et la *Langouste* (Palinurus vulgaris) sont extrêmement répandus le long de la côte. Les pensionnaires des hôtels du pays ne peuvent se plaindre que de leur trop grande abondance. On les prend à l'aide de casiers, sortes de paniers d'osier ouverts par le haut, dans lesquels on introduit un morceau de poisson que vient manger le crustacé. Une fois celui-ci descendu dans le panier, il lui est impossible de remonter.

On prend de la même manière le *Crabe tourteau* (Cancer pagurus), souvent énorme et aussi estimé par certains gourmets que le homard ou la langouste.

En dehors de ces espèces, on pêche à Trébeurden les mêmes poissons que dans les autres ports de Bretagne ou de Normandie. Une nomenclature complète nous entraînerait dans trop de détails. Nos renvoyons nos lecteurs qui voudraient étudier d'une façon plus approfondie la faune marine aux ouvrages spéciaux publiés sur cette matière.

Comme on le voit, le séjour de Trébeurden ne manque pas d'attraits pour l'homme intelligent qui vient au bord de la mer dans le but d'y éprouver les nobles jouissances que procurent la vue et l'étude de la nature.

Il convient aussi aux enfants, aux familles qui recherchent un endroit tranquille et pittoresque, loin des agitations de la vie mondaine, aux rentiers qui veulent trouver, à la fois, la santé, le repos et la vie à bon marché.

En séjournant sur ces grèves si bien douées sous tous les rapports, on pourra réaliser cet idéal du philosophe ancien : « *Mens sana in corpore sano.* »

DERNIÈRES AMÉLIORATIONS

Au moment où ce guide allait être livré à l'impression, se produisaient des modifications profondes qui doivent avoir leur répercussion sur l'avenir de Trébeurden et que par conséquent nous ne pouvons passer sous silence. Nous voulons parler du *doublement de la voie ferrée de Rennes à Brest*, si longtemps resté à l'état de projet et qui est chose faite aujourd'hui.

A partir du 1ᵉʳ Juillet 1899, les voyageurs ne mettront plus que *huit heures et demie* environ pour faire le *trajet de Paris à Lannion*, au lieu de onze à douze. Ceux qui viendront de Rennes gagneront près d'une heure et demie et ceux de Brest, trois quarts d'heure.

L'objection souvent faite pour Trébeurden de son grand éloignement de la capitale tombe ainsi d'elle-même et il n'est pas besoin d'insister sur les conséquences du nouvel état de choses.

A la grève aussi, de récentes améliorations changent du tout au tout les conditions d'autrefois.

La rectification de la côte trop rapide de Trozoul vient d'être décidée et sera exécutée prochainement. La nouvelle route se détachant de Crec'h-Héry et décrivant une courbe gracieuse dans la direction de Kerellec, ira aboutir à Tresmeur après avoir longé la mer.

Une nouvelle *boucherie* s'est installée au centre de la station.

Un *magasin* d'articles de bains et d'épicerie a été bâti à Trozoul même.

En face a été placée une *boîte aux lettres* dont on fait la levée l'après-midi. On peut ainsi répondre le joru même au courrier du matin distribué vers huit heures.

Un *boulanger-pâtissier* s'est établi sur la route du bourg à la mer.

Un second *hôtel* va s'ériger au bord de la plage de Tresmeur.

Enfin, des *cabines de bains* ont été construites au Château, près du café-restaurant dont nous avons déjà parlé.

Parmi les projets à l'étude, nous citerons celui d'un *chemin de fer* qui rattacherait Trébeurden à Lannion, d'une part, à Trégastel, Ploumanac'h et Perros, d'autre part ; l'établissement d'un *bateau de sauvetage* et la création d'un *bureau de poste*.

Désormais, Trébeurden pourra se suffire avec ses propres ressources. La période d'organisation est terminée. Il ne reste plus qu'à développer ce qui est encore rudimentaire pour faire de cette charmante station le *Paradis des Baigneurs*.

FIN

TABLE ALPHABÉTIQUE

	PAGES
Abri de la Tempête	49
Allée couverte de Milliau	31
— de l'Ile Grande	21
Allée Verte	6
Améliorations	67
Articles de bains	68
Automobilisme	59
Avant propos	1
Bac	49
Baie de Lannion	38-49
— de St-Michel	39
— du Yaudet	50
Bains de mer	60
— de sable	60
Bateau de sauvetage	68

Becléguer.............................	48
Bihit.................................	38
Boîte aux lettres.....................	68
Bonne-Nouvelle........................	15
Botanique.............................	61
Boucherie	68
Boulangerie...........................	68
Boussouin.............................	27
Bureau de poste	68
Buzulzo...............................	5
Cabines de bains	68
Cale de Trozoul.................	14-33-59
— de Milliau	30
Canotage..............................	59
Castel (le)	29
Chaise du Curé (la)...................	14
Champ Blanc (le)......................	7
Chapelle de Bonne-Nouvelle.............	15
— Christ........................	17
— Penvern	25-28
— Sainte-Anne...................	5
— St. Dourienc..................	48
— St. Roch......................	6
— St. Uzec..................	24-28
— du Yaudet....................	50
Chasse................................	62
Château (le)..........................	29
Chemins de fer	3-68
Climat................................	53
Convenant Bornic......................	27
— Daniel	27

Convenant Toudic	27
Corderie (la)	10
Crec'h Dû	27
Crec'h Holen	22-27
Croissant (le)	6
Croquet	59
Distractions	58
Dolmen de Kerellec	14
Eglise du Baly	6
— de Trébeurden	8
— du Yaudet	50
Excursions	13
Falégant	28
Flore	61
Fontaine de Bonne Nouvelle	15
Forêt de Thémeur	39
Gaffric (le)	44
Gavel (le)	44
Géologie	61
Goasragoir	48
Goastrez	19-50
Grotte du Yaudet	51
Guer (rivière du)	5-10
Guernesey à Lannion	3
Herborisations	61
Hôtels	14-29-68
Ile Canton	18-21
— Fougères	15
— Grande	19

Ile	Losquet	....	18
—	Milliau	....	30
—	Molène	....	33

Itinéraires.......................... 3-5-10

Jersey à Lannion..................... 3
Jeu de boules....................... 59
Justice 46

Kerampont.......................... 5
Kerario............................. 17-23
Keravel 48
Kerdonic........................... 48
Kerduel 10
Kerellec........................... 15-19
Kerhellen 20-27
Kerléo............................. 27
Kervenno.......................... 6

Lannion à Trébeurden............... 5-10
Lan Servel......................... 7
Lawn tennis........................ 59
Légendes................ 11-15-25-30-31-34-40
Lew Drez........................... 39
Lexovie............................ 50
Lieu de grève...................... 39
Locquémeau 59
Locquirec.......................... 59
Londres à Lannion.................. 3

Magasins 68
Menhir de Trébeurden............... 17
— de Penvern...................... 24-28
Milliau (île)...................... 30

Molène (île)	33
Orages	57
Paris à Lannion	3
Pâtisserie	68
Pêche	63
Pen Lan	7
Pvenern	22-27
Place de Trébeurden	8
Pleumeur-Bodou	11-24
Plouaret à Lannion	3
Pluies	56
Poissons	63
Pont de Kermaria	5
— de Ste Anne	5
— de Viarmes	6-10
Pors-Mabo	44-48-60
Postes	68
Primel	59
Quai au sable	6
— d'Aiguillon	5
— de Viarmes	10
Quévez (Le)	7
Restaurant	29-68
Roc'h-an-tur Ancouano	38
Roc'h Ellas	39
Roches Blanches (Les)	36
Roches branlantes	29-34
Roche Mignonne (La)	46
Roc'h Guen	36
Roudour (Le)	6

Run-an-Guern 28

St Dourienc 48
St Roch 6
St Uzec 24-28
Sardinerie du Béguen 49
— de Bihit 38-46
— de Locquémeau 59
Sémaphore 44
Sept-Iles (les) 8-59
Servel 6
Source ferrugineuse 5
Station d'hiver 57

Télégraphe 44
Température 53
Thémeur (forêt de) 39
Tohenno 18-27
Toultrez 18-27
Traoumeur 36
Trébeurden 7
Tresmeur 36-60
Triagoz (les) 8-59
Trovern 19
Trozoul 9-29-60

Vélocipédie 58

Yachting 59
Yaudet (le) 48